AF224042

4

Lb 148.

# CAMPAGNE ET RETRAITE

DES

# AUTRICHIENS ET DES RUSSES

## DE LA SUISSE EN 1799.

AVEC UN PLAN.

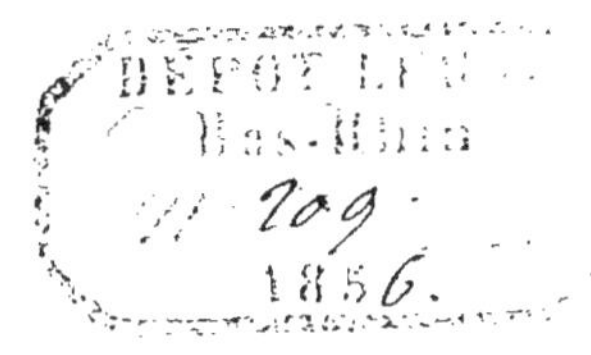



**STRASBOURG,**

IMPRIMERIE DE VEUVE BERGER-LEVRAULT, RUE DES JUIFS, 33.

1856.

# A SA MAJESTÉ NAPOLÉON III,

## EMPEREUR DES FRANÇAIS.

*Sire*,

En appréciateur éclairé, vous permettrez que j'aie l'honneur de dédier et de présenter cette petite relation à Votre Majesté. Elle pourra peut-être vous intéresser, comme tout ce qui intéresse la Suisse, où vous avez passé une grande partie de votre jeunesse.

De plus, elle n'est tirée d'aucun livre, ni d'aucun journal, mais uniquement de mes souvenirs, ayant été témoin oculaire, et même un des acteurs.

Si Votre Majesté daigne l'accepter avec cette haute bienveillance dont elle m'a déjà une fois jugé digne en m'accordant à Strasbourg la croix d'officier de son ordre de la Légion d'Honneur, je me trouverai complétement récompensé de l'attachement que j'ai toujours, et sans interruption, porté à l'Empereur Napoléon I<sup>er</sup>.

Je suis avec le plus profond respect,


SIRE,


DE VOTRE MAJESTÉ


*Le très-humble et très-obéissant*
*serviteur et sujet,*

LE COMTE **JOSEPH D'ANDLAU,**

Capitaine de cavalerie en retraite, officier de la Légion d'honneur.


Stotzheim, le 4 juin 1856.

# NOTICE

**Sur la mort du lieutenant-général autrichien De Hotzé,** sur celle du comte **Plunquet,** colonel du 60ᵉ régiment d'infanterie hongroise, et sur celle du baron **De Wittersberg,** lieutenant-colonel du régiment des hussards de la frontière (Grænz-Husaren); sur les fautes stratégiques qui ont été la cause de la perte de ces officiers généraux et de la retraite des Autrichiens et des Russes de la Suisse, en 1799.

---

Il est nécessaire de faire remarquer que pendant cette heureuse campagne de 1799, sous l'illustre archiduc Charles, celui-ci avait reçu inopinément, du conseil aulique de la guerre à Vienne, l'ordre inconcevable d'arrêter son armée victorieuse près de Zurich et d'y attendre l'arrivée d'un corps russe d'environ 30,000 hommes.

Pendant ce repos forcé qui dura deux mois, l'armée française, jusque-là vaincue, s'était reformée et recevait de l'intérieur des renforts considérables qui la mirent à même de repousser les Autrichiens sur divers points.

Le général russe Korsakow pénétra enfin en Suisse

vers la fin du mois d'août 1799 et occupa successivement toutes les positions de l'armée autrichienne, obligée de descendre la rive droite du Rhin jusque vers Mannheim, sous les ordres de l'archiduc.

Les Russes étendirent alors leur ligne de Zurich à Utznach, à l'autre extrémité du lac de Zurich, et se mirent ainsi en communication avec le petit corps d'armée autrichien resté en Suisse sous les ordres du lieutenant-général de Hotzé et composé des quatre régiments d'infanterie de Gemmingen, de Bender, de Stein et n.° 60; des dragons de Waldeck, des hussards de la frontière (Grænz-Husaren) et de quelques batteries d'artillerie, en tout 9 à 10,000 hommes. Il y avait en outre en formation 2 ou 3 régiments d'infanterie suisse, de nouvelles recrues, non encore exercées, sur lesquels on ne pouvait guère compter.

Ce petit corps d'armée devait occuper, sur une étendue de 4 à 5 lieues, la ligne d'Utznach par Kaltenbrunn jusqu'à Wesen sur le lac de Wallenstatt.

Le lieutenant-général Hotzé avait établi son quartier général à Kaltenbrunn et employait comme chef d'état major le comte Plunquet, colonel du 60e régiment d'infanterie hongroise, âgé de 28 ans, plein de talents et de valeur et doué de beaucoup d'amabilité.

Les deux régiments d'infanterie de Gemmingen et n° 60 avec quelques escadrons des dragons de Waldeck étaient établis au camp de Kaltenbrunn. Le régiment de Stein, le reste des dragons et quelques escadrons des hussards formaient l'aile droite et étaient placés près d'Utznach, sous le commandement du général Pétrach, donnant la main à quelques milliers de Russes.

A l'aile gauche près de Schœnis et de Wesen stationnaient le régiment de Bender avec plusieurs escadrons des hussards, commandés par le lieutenant-colonel baron Wittersberg. Toute cette aile était, par droit d'ancienneté, sous les ordres du lieutenant-colonel baron d'Alstetten, du régiment d'infanterie de Bender. Cet officier, peu versé dans la tactique, mais ne manquant pas d'intrépidité, s'était logé à Schœnis avec le premier bataillon de Bender (Leib-Bataillon). Le bataillon du colonel (Obrist-Bataillon) du même régiment se trouvait au pont de la Tuilerie, à une demi-lieue au delà de Schœnis, et celui du lieutenant-colonel (Obrist-Lieutenant-Bataillon), à Wesen.

Ces différentes positions entre Utznach et Wesen furent ainsi occupées depuis le 1er septembre jusqu'au 25 du même mois; cependant dans cet intervalle deux compagnies du bataillon du colonel furent détachées du pont de la Tuilerie et envoyées à Wallenstatt.

Il se trouvait aussi à Schœnis plusieurs escadrons des hussards de la frontière, mais le terrain était tellement marécageux et coupé de vergers et de jardins entourés de palissades qu'on n'aurait pu y faire manœuvrer deux pelotons.

Le 1er bataillon (Leib-Bataillon) de Bender, de 600 hommes environ, commandé par le capitaine comte Borelli, se trouvait aussi, comme il vient d'être dit, au camp de Schœnis; puis une batterie d'artillerie légère et une batterie de position commandées, la première par le lieutenant en premier Prohazka, et la seconde par le lieutenant en premier Ott.

A une demi-lieue de Schœnis, en amont du pont de la Tuilerie, sur la Linth, se trouvaient, comme on l'a dit, quatre compagnies du bataillon du colonel de Bender, de 400 hommes environ, sous les ordres du vaillant capitaine Vanroi. A Wesen, sur le lac de Wallenstatt, où une route conduit à Glarus, et à une demi-lieue du pont de la Tuilerie, était le bataillon du lieutenant-colonel de Bender, fort de 600 hommes et commandé par le brave major de Becker.

De Schœnis à Wesen, ces 16 compagnies avaient devant elles, à des distances plus ou moins rapprochées, la petite rivière de la Linth. Schœnis pouvait en être éloigné d'un demi-quart de lieue.

Les Français se trouvaient sur la rive gauche de la Linth, dans les villages de Haut- et Bas-Bilten, mais il ne leur était pas permis d'avancer leurs vedettes

jusqu'à la rivière; tandis que chaque jour le 1er bataillon de Bender envoyait de Schœnis une grande
garde formée d'une compagnie qui détachait un piquet
de douze hommes avec un caporal, à une faible distance
en amont du lit de la Linth, vis-à-vis de la rive gauche,
qui en cet endroit n'était qu'un marécage couvert de
hauts roseaux.

Entre la grande garde et le piquet, on plaçait la
nuit un appointé et 3 hommes, et des patrouilles par-
couraient en outre cet intervalle sans jamais dépasser
le piquet. Mais depuis ce dernier jusqu'au pont de la
Tuilerie où se trouvaient les 4 compagnies du bataillon
du colonel de Bender, sur une étendue de près d'une
demi-lieue le long de la rivière, il n'y avait aucun
poste, parce que le marais profond qui régnait du côté
de l'ennemi avait fait regarder toute précaution comme
inutile.

En deçà de la Linth et derrière le piquet se trouvait
un jeune taillis de hauteur d'homme, avec une petite
chapelle au milieu. La route de Schœnis à Wesen passe
au haut du taillis et longe la montagne et la tuilerie.

Du 1er au 23 septembre tout resta dans le calme le
plus profond; aussi les officiers d'infanterie autrichiens
avaient-ils contracté la pernicieuse habitude de se
loger dans les villes et villages plus ou moins éloignés du camp, au lieu de partager la bonne ou mau-

vaise fortune de leurs soldats. Cet abus pouvait avoir des conséquences funestes, ce qui serait arrivé à Schœnis sans un heureux hasard.

Le 23 septembre, à la pointe du jour, on remarqua que les Français avaient placé leurs vedettes au bord de la Linth et qu'ils construisaient une grande redoute à une distance d'environ 500 pas. On les somma de se retirer, ce qu'elles exécutèrent aussitôt, parce qu'on menaça de faire feu. On instruisit le général en chef de Hotzé de ce qui se passait, et dans l'après-midi il vint lui-même examiner les travaux, mais il ne trouva pas nécessaire de s'y opposer, et il défendit même de tirer sur les vedettes qui étaient revenues à leur poste du matin, et sur les soldats occupés, en face du piquet, à transporter des madriers et des planches dans le marais.

Un tout jeune officier de 16 ans ayant été envoyé par le chef de la grande garde vers le piquet pour reconnaître les travaux qu'exécutaient les Français, vit au milieu des travailleurs un général qui lui fit signe de s'avancer au bord de la rivière et qui lui demanda s'il comprenait le français. Sur sa réponse affirmative, le général le pria de ne point faire tirer sur les ouvriers occupés seulement à établir un chemin pour les factionnaires afin qu'ils ne fussent point dans la boue. Le jeune officier lui dit que l'ordre était donné de ne point faire feu, mais que s'il était le maître, il agirait tout autrement, parce qu'il avait appris qu'on devait toujours empêcher l'ennemi de faire un ouvrage quelconque et que si les vedettes étaient obligées de marcher dans un terrain marécageux, elles pourraient d'autant moins porter leur attention sur ce qui se passait en face d'elles. Le général sourit à cette réponse, s'informa du nom du jeune officier et lui dit que lui s'appelait Ménard et qu'il appartenait au corps du génie.

Cependant les Français travaillaient dans le marais à construire un radeau pour le jour de l'attaque, afin de pouvoir jeter des soldats de l'autre côté de la Linth, ce qui arriva effectivement deux jours plus tard.

Le général de Hotzé ne voulut point faire tirer sur l'ennemi parce qu'il était persuadé et qu'il répétait sans cesse que les Français craignaient une attaque, et comme les Autrichiens se proposaient effectivement de la faire le **27**, non à Schœnis, mais à Wesen, il ne s'inquiétait ni de la redoute, ni des autres travaux, qui plus tard coûtèrent cher à l'armée autrichienne.

Il avait été convenu avec le général russe de Korsakow, de faire le **27** septembre une attaque générale sur toute la ligne de l'armée française; le lieutenant-général Jellachich devait la prendre par le flanc droit, tandis que le général Suwarow, débouchant de Schwitz viendrait tomber sur ses derrières.

Mais les Français, instruits probablement de ce projet, s'ébranlèrent dès le 25 septembre sur toute la ligne de Zurich à Schœnis, en faisant sur ce dernier point leur attaque principale pour couper les 14 compagnies placées entre Schœnis et Wesen et menacer par derrière la position d'Utznach.

Pour préparer la réussite de ce plan, ils firent passer la Linth à la nage, la veille à 9 heures du soir, par 300 hommes armés seulement de piques. La largeur de la rivière, peut-être de 60 à 70 pas, et le bruit du courant fit supposer un fond pierreux et non marécageux. Ces nageurs, favorisés par une nuit sombre, remontèrent le bord marécageux jusqu'à ce qu'ils fussent assez éloignés du piquet autrichien, passèrent la rivière et vinrent s'établir dans le taillis dont il a été parlé. Ils s'y tinrent cachés jusqu'au moment de l'attaque et ils employèrent sans doute leurs loisirs à reconnaître le terrain. Cette conjecture est d'autant plus probable que le même soir à 10 heures, une femme en se rendant de Wesen à Schœnis raconta dans une auberge, en présence de plusieurs sous-officiers, qu'elle avait vu des hommes en chemise dans le taillis et autour de la chapelle, ce qui lui avait occasionné une grande frayeur. Il ne vint à l'idée d'aucun de ces sous-officiers d'en faire le rapport à leurs chefs.

Les Français purent donc rester tranquilles possesseurs de ce poste, puisque, comme on l'a vu, il n'y avait aucune patrouille autrichienne qui fouillât ce terrain.

Le but des Français, comme on l'apprit de quelques prisonniers, était de surprendre à Schœnis tous les officiers pendant leur sommeil et de s'en emparer, pendant qu'une trentaine d'hommes iraient enlever le piquet. Mais ils ne réussirent point, parce que ce dernier poste fut attaqué trop tôt. En effet, à 2 heures du matin les 30 Français marchèrent sur les 12 hommes du piquet qui tous dormaient, à l'exception du factionnaire qui, voyant s'avancer un homme à travers les broussailles et ne recevant point de réponse à son quivive répété, lui lâcha son coup de feu. Les Français s'élancèrent alors et firent main basse sur ce poste. Le caporal seul put se sauver avec la sentinelle blessée de sept coups de pique et rejoindre le camp du 1<sup>er</sup> bataillon de Bender. C'est un nouvel exemple à l'appui de ce qu'il ne faut jamais dormir aux avant-postes.

Le coup de fusil ayant été heureusement entendu par la grande garde, le capitaine envoya aussitôt au secours du poste 25 soldats avec un officier, mais à moitié chemin, celui-ci voyant s'avancer des hommes en chemise, fit faire un feu de peloton et au lieu de marcher en avant il se replia sur la grande garde, parce que l'obscurité de la nuit l'empêcha probablement de distinguer le nombre d'ennemis qu'il avait devant lui.

Le feu de peloton avait donné l'éveil au camp et aux officiers logés à Schœnis qui se rendirent en toute hâte à leur poste, ignorant ce qui s'était passé jusqu'à l'arrivée du caporal et de la sentinelle blessée.

Pendant ce temps quelques nageurs repassèrent la Linth, placèrent un câble à travers les deux rives et à l'aide d'autres soldats firent entrer dans la rivière le radeau construit peu de jours auparavant. Par ce moyen ils eurent bientôt transporté sur la rive droite 1200 grenadiers qui se formèrent aussitôt, marchèrent sur le taillis et prirent la route de Schœnis et du pont de la tuilerie pour chercher à gagner les montagnes boisées qui se trouvent de l'autre côté et couper ainsi toute communication avec Wesen.

Cependant les soldats nageurs n'avaient pu surprendre les officiers autrichiens au village de Schœnis. Le 1er bataillon de Bender était sous les armes ainsi que les hussards de la frontière avec leur lieutenant-colonel baron de Wittersberg ; l'artillerie avait ses canons braqués ; mais personne ne donnait d'ordres. Le lieutenant-colonel baron Altstetten, auquel revenait le commandement par droit d'ancienneté, malgré la prière de son adjudant-major, ne voulait point se lever, prétendant que c'était une fausse alerte.

Enfin à 4 heures du matin, lorsque le canon commença à gronder et qu'un boulet traversa la maison où se trouvait le lieutenant-colonel, il se leva et fit son rapport au général en chef de Hotzé en lui disant que les Français avaient commencé l'attaque à 4 heures, tandis qu'elle avait eu lieu 2 heures plus tôt.

Il négligea en outre de prévenir les compagnies stationnées au pont de la tuilerie et à Wesen, et elles n'apprirent rien jusqu'à midi malgré la canonnade, que les contours de la vallée les empêchaient sans doute d'entendre. Mais plus tard, en voyant arriver les Français, elles durent se retirer vers le Rhin dans la direction de Glarus, à travers des montagnes très-escarpées.

Les troupes qui étaient rassemblées à Schœnis, se trouvaient dans le plus grand embarras; faute d'ordres, personne ne savait que faire, et beaucoup de soldats furent blessés pendant l'obscurité de la nuit.

Enfin à la pointe du jour arriva le général en chef, et comme il était dans la conviction que l'attaque n'avait commencé qu'à 4 heures, il voulait se rendre en toute hâte sur la route de Schœnis à Wesen pour faire une diversion vers Glarus. Mais le lieutenant-colonel des hussards, baron de Wittersberg, le conjura de ne point s'exposer à un péril aussi imminent, puisque les Français battaient déjà cette route. Le général ayant fait observer l'impossibilité pour l'ennemi de se trouver sur ce point, fut détrompé sur l'heure de l'attaque par le lieutenant-colonel qui s'offrit de se frayer un passage jusqu'à Wesen pour y porter des ordres. Mais à peine avait-il franchi 200 pas qu'il tomba de cheval, percé d'une balle. Le général, soldat intrépide, voulut de nouveau partir, mais le colonel comte Plunquet, le retint en lui disant, que s'il était atteint tout serait alors perdu et il s'élança au galop sur la route; mais arrivé à la place où venai de périr Wittersberg, il fut frappé lui-même par les balles ennemies.

Le général, ne consultant alors que son ardeur, et toujours dans l'espoir de pouvoir opérer une diversion, courut au-devant de la mort sur cette route déjà si funeste. Il tomba de même, atteint d'une balle qui lui traversa le bras droit et entra dans les poumons; une seconde balle lui perça la jambe droite.

La confusion devint alors générale, personne ne savait qu'ordonner. Si le général eût de suite réuni quelques compagnies de Bender et fait balayer la route et ses abords, beaucoup de malheurs eussent été évités.

Un bataillon du 60e régiment d'infanterie hongroise commandé par son jeune et vaillant lieutenant-colonel comte Jérome Colloredo, âgé de 24 ans, vint à 7 heures du matin au secours du 1er bataillon de Bender. Mais la maladresse insigne de conduire sur une charrette découverte le cadavre du colonel Plunquet, adoré de son régiment, remplit tous les soldats d'un grand abattement.

Cependant ce bataillon attaqua vigoureusement l'ennemi posté dans le taillis près de Schœnis; repoussé, il fut obligé de se retirer à gauche dans Schœnis, pour ne pas être pris en flanc; car les Français tournaient le long de la montagne le village où on faisait les plus grands efforts pour se maintenir.

Enfin la retraite de tout le corps d'armée autrichien commença, avec assez de désordre, à 9 heures du matin, de Schœnis sur Kaltenbrunn; infanterie allemande et hongroise, hussards et artillerie, tout était pêle-mêle. Le lieutenant en premier Ott, commandant l'artillerie de position, fut aussi atteint de deux balles dans la poitrine et resta sur le champ de bataille; quelques officiers blessés de Bender et du 60ᵉ furent faits prisonniers.

Pendant cette déroute le lieutenant en premier Prohazka mit son artillerie légère en batterie et soutint seul la retraite de l'armée jusqu'à l'arrivée de trois compagnies du régiment de Gemmingen qui, par un feu de file bien nourri, arrêtèrent les assaillants. On se rallia derrière un petit ruisseau où l'on put rester jusqu'à 3 heures du soir; on fut alors forcé de se replier de nouveau et comme personne n'avait pris le commandement supérieur, une retraite complète commença vers le soir de Kaltenbrunn à Lichtensteig ; on abandonna également Utznach où un escadron de hussards, oublié dans un endroit marécageux, fut fait prisonnier.

Le même jour, entre 7 et 8 heures du soir, on fit halte à Sainte-Marie à une lieue et demie en deçà de Lichtensteig et on y passa la nuit.

Le lieutenant-général de Petrach prit en ce moment le commandement supérieur. Induit en erreur par de faux rapports qui lui annonçaient la marche des Français vers le Rhin, il ordonna la continuation de la retraite, le 26 septembre à 4 heures du soir, fit route toute la nuit sans s'arrêter, traversa Lichtensteig et Hérisau et arriva à St.-Gall, où il se reposa quelques heures. Dès le lendemain, à 7 heures du soir, tout le corps de Hotzé avait passé le Rhin à Hœchst dans le Vorarlberg quoiqu'on n'eût rencontré nulle part l'armée ennemie.

Une autre faute fut commise, en ne donnant pas connaissance de la retraite d'Utznach et de Schœnis au général russe Korsakow, qui, instruit de l'arrivée de Suwarow, se défendit à Zurich avec opiniâtreté ; mais pris à revers par les Français, il fut forcé d'abandonner sa position.

L'armée française cessa alors de poursuivre Korsakow et les Autrichiens, et tombant sur Suwarow, elle l'obligea à une retraite extrêmement pénible et malheureuse vers le Rhin et les Grisons en le forçant à abandonner la plus grande partie de son artillerie.

Ce fut seulement le 1<sup>er</sup> octobre que quelques soldats français se montrèrent à Rheinek sur le Rhin, en amenant le corps du général de Hotzé; il fut enterré à Bregenz sur le lac de Constance. Suisse d'origine, car il était né à Richterswihl sur le lac de Zurich, il fut en 1792 colonel du régiment de cuirassiers de Hohenzollern; c'était un soldat plein de zèle et de mérite et qui ne devait qu'à ses talents la haute position qu'il avait occupée.

Le comte Plunquet fut enterré à Lichtensteig et le baron de Wittersberg à Schœnis, près de l'endroit où il était tombé.

Par la mort de Hotzé et de Plunquet le projet d'attaque qui devait avoir lieu contre l'armée française le 27 septembre fut anéanti avec eux, car seuls ils en avaient eu connaissance.

Cette courte notice pourra servir à démontrer que la plus petite faute peut occasionner la perte de batailles et de provinces, et qu'il ne faut jamais laisser travailler l'ennemi, même à des choses qui peuvent sembler de peu d'importance, sans chercher à l'en empêcher par tous les moyens possibles; ni la poudre, ni le plomb ne doivent être épargnés. Un général en chef ne doit non plus s'exposer inutilement à être tué, ni confier un commandement à des hommes incapables. Mieux vaut sacrifier l'ancienneté de rang et la placer sous des chefs habiles où elle rendra de meilleurs services que livrée à elle-même.

La perte du combat de Schœnis, et par suite, de la Suisse, peut être uniquement attribuée au lieutenant-colonel baron Alstetten, du régiment de Bender.

Il est à présumer que l'archiduc Charles n'a jamais appris la vérité sur cette affaire, car après la lecture du rapport qui lui annonçait la retraite de ce corps d'armée, il se borna à dire : Ah! le pauvre Plunquet est tué! mais on n'a pas encore fait connaître jusqu'à présent les causes de la mort de ces trois officiers généraux.

Cette rapide et courte relation des événements qui ont eu lieu en Suisse depuis le 23 septembre jusqu'au 1er octobre 1799 et qui ont fait perdre en si peu de jours tous les avantages conquis en deux mois et au prix de tant de sacrifices. doit être considérée comme véridique puisqu'elle est rapportée par un témoin oculaire. Et comme plus d'un demi-siècle s'est écoulé depuis cette malheureuse campagne, il n'a pas hésité à nommer les divers chefs qui y ont figuré, car certainement aucun d'eux n'est plus en vie.

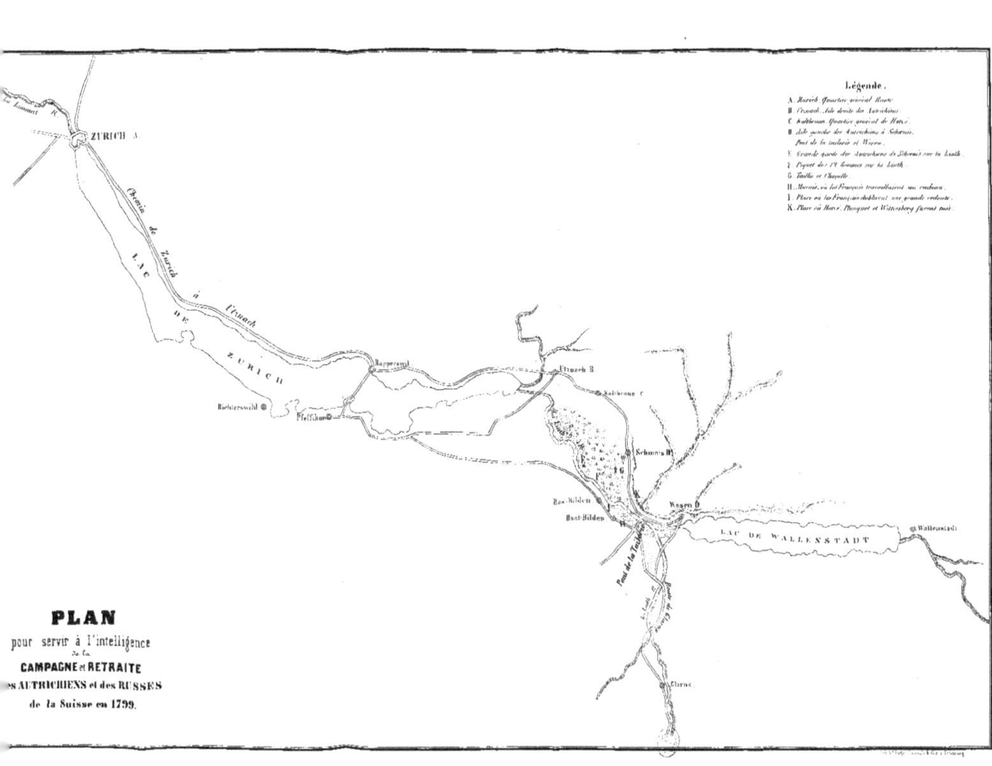

Légende.
A. Zurich Quartier général Russe.
B. Utznach Aile droite des Autrichiens.
C. Kaltbrunn Quartier général de Hotze.
D. Aile gauche des Autrichiens à Schænis.
Pont de la tuilerie et Wesen.
E. Grande garde des Autrichiens de Schænis sur la Linth.
F. Piquet de 14 hommes sur la Linth.
G. Tuilerie et Chapelle.
H. Marais, où les Français travaillaient au radeau.
I. Place où les Français établirent une grande redoute.
K. Place où Hotze, Plunquet et Wittenberg furent tués.


ZURICH A
LAC DE ZURICH
Chemin de Zurich à Utznach
Richterswihl
Pfæffikon
Rapperswil
Utznach B
Kaltbrunn C
Schænis D
Bas-Bilden
Haut-Bilden
Wesen D
Pont de la Tuilerie
LAC DE WALLENSTADT
Wallenstadt
Glarus


PLAN
pour servir à l'intelligence
de la
CAMPAGNE et RETRAITE
des AUTRICHIENS et des RUSSES
de la Suisse en 1799.

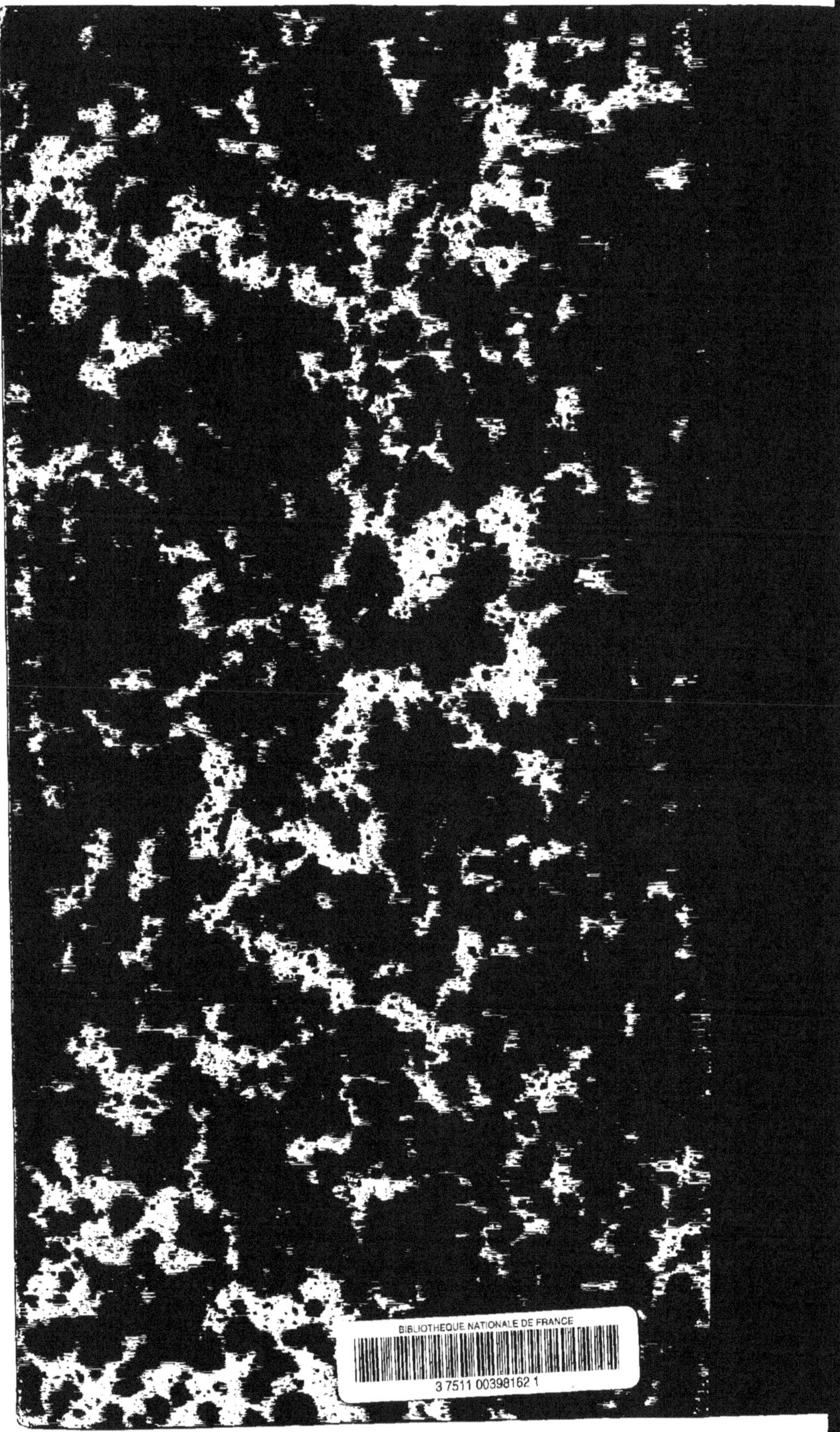